ointe

NOTICE HISTORIQUE

SUR

H.-J. POINTE,

DOCTEUR EN MÉDECINE,

Par J.-P. Pointe,

DOCTEUR EN MÉDECINE DE LA FACULTÉ DE PARIS,
EX-MÉDECIN TITULAIRE DU GRAND HÔTEL-DIEU DE LYON, PROFESSEUR DE CLINIQUE
MÉDICALE, MEMBRE DU CONSEIL ACADÉMIQUE, CORRESPONDANT DE L'ACADÉMIE
ROYALE DES SCIENCES DE TURIN, DE LA SOCIÉTÉ DES SCIENCES, AGRI-
CULTURE ET ARTS DE STRASBOURG, DE CELLE DES SCIENCES,
ARTS ET BELLES LETTRES DE MACON, MEMBRE DES SO-
CIÉTÉS DE MÉDECINE DE PARIS, LYON, MONT-
PELLIER, BORDEAUX, TOULOUSE, MAR-
SEILLE, LA NOUVELLE ORLÉANS,
ETC., ETC., ETC.

LYON.

IMPRIMERIE DE L. BOITEL,

QUAI SAINT-ANTOINE, 36.

1839.

NOTICE HISTORIQUE

SUR

HONORÉ-JOSEPH POINTE,

DOCTEUR EN MÉDECINE,

PAR J.-P. POINTE.

Pourquoi le fils n'écrirait-il pas lui-même la vie, les travaux et les succès de son père ? Pourquoi emprunterait-il une plume étrangère pour payer à cette chère mémoire un légitime tribut ? Personne mieux que lui ne peut faire connaître tous ses titres à la considération publique. Si l'on m'accuse en cela d'amour propre et de gloriole, si l'on prétend que je cherche à faire rejaillir sur moi quelque chose de l'estime et de la réputation dont mon père a pu jouir, je me réfu-

gierai dans le sentiment de tendresse filiale qui m'a porté à faire re-
vivre parmi nous celui auquel j'ai dû la vie. C'est une dette que j'ac-
quitte ; tous les bons fils me comprendront.

Honoré-Joseph POINTE naquit à Grasse en Provence, le 24 dé-
cembre 1738. Une douloureuse circonstance, qui pouvait ruiner son
avenir, influa pourtant d'une manière favorable sur sa destinée tout
entière, et présida à l'éducation qu'il reçut et aux succès qui en dé-
coulèrent. Cette circonstance, la voici : un empoisonnement acci-
dentel, occasionné par l'oxide de cuivre, vint tout-à-coup le même
jour plonger dans le même tombeau cinq membres de la famille d'An-
toine Pointe, et de ce nombre se trouvaient le père et la mère. Mais
cette famille était nombreuse, et la triste position des enfants qui
survécurent inspira un intérêt général et toucha particulièrement
M. de Bonpart, l'un des personnages les plus considérés du pays. Ce
généreux citoyen se chargea d'élever le plus jeune de ces orphelins.
Ce fut Honoré-Joseph Pointe. Il fit d'excellentes études, et acquit
une profonde connaissance de la langue latine. Cette langue, alors
beaucoup plus employée qu'aujourd'hui, lui fut d'une grande utilité
dans la carrière médicale à laquelle il se voua de bonne heure.

En 1759, Honoré-Joseph Pointe reçut, à Grasse même, les premières leçons d'anatomie , d'un *maître en chirurgie* nommé Lam-
bert (1), et, en 1762, il se rendit à Paris où il travailla avec tant

(1) On voit qu'il était d'usage, alors comme aujourd'hui, d'étudier les élé-
ments de la science dans sa ville natale ; on y trouvait presque toujours un
hôpital et des praticiens chez lesquels on pouvait puiser les connaissances pré-
liminaires. Ce qui paraît s'être fait dans tous les temps et sans que les statuts
universitaires en aient imposé l'obligation, démontre de quelle importance il
serait, dans une nouvelle organisation de l'enseignement médical, d'établir
des écoles préparatoires ou secondaires dans la plupart des villes de second
et de troisième ordre. Dans ces écoles, où ils seraient tenus de passer les
premières années de leur noviciat, les élèves trouveraient le remarquable
avantage d'apprendre plus facilement les principes de la science sous des
maîtres avec lesquels ils seraient en rapport presque immédiat, et qui auraient
eux-mêmes l'habitude de cet enseignement. Ils y rencontreraient un autre
avantage, peut-être plus précieux encore, celui d'être enlevés moins jeunes
à l'affection et à la surveillance si nécessaires de leurs parents. Au reste,

d'ardeur et de succès que, venu à Lyon deux ans après, il fut admis en qualité d'*Elève en chirurgie de l'hôpital général de notre-Dame de Pitié du pont du Rhône et Grand Hôtel-Dieu de la ville de Lyon.* Il s'était distingué dans les examens qu'il avait subis pour obtenir cette place, et, durant quatre années, il en exerça les fonctions de manière à réaliser les espérances que son début avait fait concevoir. Trois fois il remporta les prix que l'administration de cet hospice décernait tous les ans à la suite des concours publics sur les branches de la science que le *chirurgien gagnant maîtrise* (1) avait enseignées. Pendant ces deux ou trois dernières années de service, il remplaça presque constamment le chirurgien gagnant maîtrise, Jean Dufieu, qui était valétudinaire, et qui mourut avant que la durée de ses fonctions ne fut révolue.

Ce fut sur la demande expresse de MM. les recteurs qu'il passa, en qualité de *premier élève*, une quatrième année à l'hôpital, où le temps ordinaire de cet internat était déjà, comme aujourd'hui, de trois années seulement.

Dans les longues absences que faisait Jean Dufieu, pour raison de santé, Honoré-Joseph Pointe pratiqua avec habileté toutes les opérations, et particulièrement celle de la taille à laquelle jusqu'alors à Lyon peu de chirurgiens avaient osé se hasarder.

Les prix qu'il avait remportés et les services qu'il avait rendus en remplaçant pendant plus de deux ans le chirurgien gagnant maîtrise, seul chef à cette époque du service de chirurgie, paraissaient devoir suffire pour déterminer l'administration à lui confier cet emploi qui était ordinairement la récompense de celui des élèves qui, durant ses trois années d'exercice, avait donné le plus de preuves de savoir, de zèle et d'activité. Aussi lui fut-il promis plusieurs fois par MM. les recteurs.

l'idée que j'émets semble n'avoir point échappé aux hommes de capacité et d'expérience qui ont élaboré, sur cette matière, le projet de loi que le gouvernement se propose de présenter incessamment aux assemblées législatives.

(1) Aujourd'hui le *chirurgien-major*. Les attributions se sont étendues, mais l'emploi est identique.

Mais soit que H.-J. Pointe n'eût assez de confiance ni dans ces promesses, ni dans ses titres personnels, soit que sa propre expérience lui eût fait reconnaître toute l'importance de la place, il considéra comme indispensable d'adopter un nouveau mode de nomination qui offrît de plus fortes garanties de l'instruction et de l'expérience de celui qui serait appelé à la remplir. Il proposa, en conséquence, de la mettre au concours. Quelques recteurs ayant partagé son opinion, et d'autres l'ayant répoussée, il prit le parti de rechercher l'assistance d'une autorité au dessus de la leur, et il parvint à obtenir l'approbation du premier ministre dont l'influence aurait sans doute été toute puissante si l'administration n'en eût prévenu l'effet en dévançant de près d'une année cette nomination.

Au moment où l'on s'y attendait le moins, et dans une séance dont l'objet fut tenu secret, ils firent tomber leur choix sur M. Carret (1), autre élève dont les droits, quelque réels qu'ils fûssent, étaient sans contredit moins évidents.

Ayant terminé ses fonctions d'interne et perdu tout espoir de devenir chirurgien en chef, H.-J. Pointe chercha d'autres moyens de se faire connaître et d'établir sa réputation. Il était alors âgé de trente ans et comptait neuf années d'études bien employées, ce qui lui donnait quelque droit à la confiance publique. Mais, au début de la carrière, on est jaloux et impatient de renommée ; le titre d'auteur surtout est très flatteur pour un jeune homme, et H.-J. Pointe eut recours à la publicité avant que la méditation et l'expérience eûssent donné toute la maturité désirable aux travaux du cabinet et de la pratique médicale. C'est, du reste, une tentation à laquelle bien d'autres jeunes intelligences ont succombé.

La *pourriture d'hôpital* était une des maladies qu'il avait le plus étudiée pendant son séjour à l'Hôtel-Dieu ; à peine l'avait-il quitté

---

(1) Carret, Michel, célèbre, surtout comme homme politique, né à Villefranche (Rhône) en 1752 ; chirurgien-gagnant-maîtrise , à l'hôtel-Dieu ; député au conseil des Cinq-cents, membre du tribunal, chevalier de la légion d'honneur. Conseiller-maître à la cour des comptes, président de la fédération parisienne pendant les Cent-Jours ; démissionnaire de la cour des comptes à la seconde Restauration ; mort à Paris le 12 Juin 1818.

qu'il s'empressa de mettre en ordre les matériaux qu'il avait re-
cueillis sur ce sujet, et qu'il publia, en 1768, un volume in-douze
intitulé : *Essai sur la nature et les progrès de la gangrène humide,
vulgairement dite pourriture ; maladie chirurgicale assez fréquente
dans les hôpitaux, considérée comme la cause et l'effet de l'impureté
de l'air, inséparable de ces maisons.*

Cet ouvrage, qui eût certainement gagné à ne paraître que
quelques années plus tard, fut néanmoins accueilli avec faveur
par les savants de l'époque et particulièrement par Louis et Lamar-
tinière. Plus tard, il fut honorablement mentionné par Haller ; et,
dans ces derniers temps, cité par les auteurs qui ont écrit sur cette
maladie (1).

Dans son livre, H.-J. Pointe paie un trop large tribut aux théories
de l'époque, sur lesquelles il ne paraît pas avoir encore des idées
bien arrêtées. Mais, au milieu du vague des hypothèses, se trouvent
quelques vérités qui ont été, de nos jours, reproduites comme nouvelles. Ainsi, après avoir fait remarquer (page 14 et suivantes)
qu'il existe un équilibre entre la nutrition et la digestion, il en
déduit la conséquence très naturelle que l'une ne peut être modifiée
sans que l'autre le soit. De là, le danger d'une alimentation trop
abondante et d'une digestion trop pénible dans les cas de suppuration.
« Un médecin, dit-il, sur les indications que lui fournit principalement
« la langue du malade, qui, dans ce cas, m'a toujours paru dans un
« rapport complet avec son ulcère, prévient, toujours efficacement,
« ces menaces de détérioration en procurant ou conservant le bon
« état des premières, secondes et troisièmes voies. »

Un autre point, qui n'avait pas échappé à la sagacité de l'auteur,
est l'importance physiologique de la variété des aliments, qui doit
se maintenir pourtant dans certaines limites (page 98). Cette idée
qui n'était point étrangère aux médecins ses devanciers, puisque Sthall
en parle dans plusieurs de ses écrits, notamment dans son *Traité
des aliments*, cette idée a été reproduite de nos jours avec une ap-
parence de nouveauté par un de nos plus habiles physiologistes,

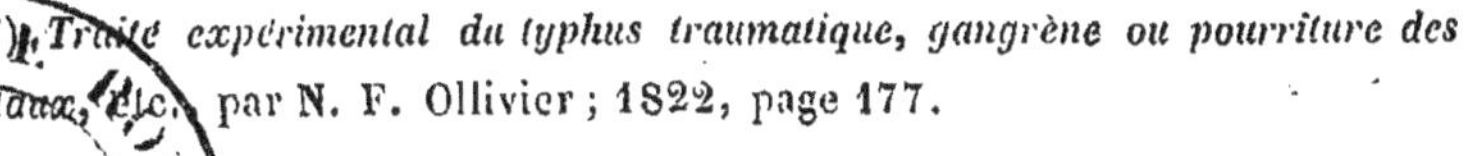

(1) *Traité expérimental du typhus traumatique, gangrène ou pourriture des
hôpitaux, etc.*, par N. F. Ollivier ; 1822, page 177.

M. le docteur Magendie, qui a enrichi la science de faits propres à éclairer et à confirmer une telle opinion.

H.-J. Pointe reconnaît deux causes puissantes de la pourriture d'hôpital : la première résultant des émanations putrides qu'exhalent les malades, et agissant sur toute l'économie d'une manière insensible, mais avec d'autant plus d'intensité que l'organisme est plus faible et doué d'un certain tempérament ; la seconde produite par un simple contact ; et, de cette façon de voir, il déduit deux méthodes curatives ; l'une générale et l'autre locale.

Bourgelat fondait alors à Lyon la première école vétérinaire qui ait existé en France. Intimement lié avec H.-J. Pointe, il fit d'inutiles efforts pour le déterminer à embrasser la carrière de l'hippiatrique. Mais celui-ci préféra continuer l'étude de la chirurgie et de la médecine, et prendre ses grades dans l'une et dans l'autre de ces sciences qu'il considérait avec raison comme inséparables.

A cette époque, pour être admis dans la communauté des maîtres chirurgiens de la ville de Lyon, il fallait représenter un brevet d'*apprentissage* chez un de ceux qui faisaient partie de cette communauté ; H.-J. Pointe avait suivi une autre marche, offrant de bien plus sûres garanties d'instruction. Ayant obtenu du roi une dispense de ce brevet, il sortit victorieux des examens et des thèses qu'il eut à subir devant les membres du collége, et, le 29 decembre 1769, il fut reçu maître en chirurgie.

Tout en s'adonnant avec ardeur aux travaux nécessaires à l'obtention de ces grades, il trouvait encore le temps de se livrer à d'autres utiles occupations. Pendant son séjour à l'Hôtel-Dieu, il avait été à portée de reconnaître les inconvénients attachés au service chirurgical, et, après en être sorti, il adressa sur ce sujet, à MM. les recteurs plusieurs mémoires dans lesquels il signalait les abus suivants : le chirurgien-gagnant-maîtrise, étant choisi parmi les élèves, nommé par l'administration, et exerçant seul, durant six années, les fonctions de chirurgien en chef, ne pouvait présenter toutes les garanties de savoir et d'expérience indispensables dans un poste aussi important ; l'espèce d'apprentissage qu'il faisait dans les premières années ayant lieu au détriment de la santé, quelquefois même de la vie des hommes, et se renouvelant de six en six ans, était essentiellement funeste à l'humanité ; l'abandon du service de chirurgie entre les mains d'un élève, quand celui qui en était l'unique chef était forcé de s'absenter pour cause de maladie ou pour tout autre motif, avait aussi, sous le même rapport, les plus fâcheuses conséquences ; l'absence, assez ordinaire chez ce chef, de connaissances théoriques le mettait dans l'impossibilité d'instruire convenablement les élèves, et de pousser par lui même la science dans les voies du progrès, devoir de tout homme de l'art placé à la tête d'un grand hospice ; enfin de toutes ces causes résultaient autant de vices radicaux inhérents à l'organisation du service chirurgical, vices auxquels il était urgent de porter remède. Il faisait observer, en outre, que, de tous les grands hôpitaux de France, celui de Lyon était le seul où il existât, sous ce rapport, une aussi fâcheuse organisation ; et, pour détruire ces graves abus, il proposait de confier la direction de ce service à un chirurgien en chef et à un suppléant pris parmi les plus capables et les plus habiles du Collége royal de chirurgie.

Que résulta-t-il des tentatives qu'il fit à plusieurs reprises pour que des améliorations salutaires fûssent apportées dans le service chirurgical de l'hôtel-Dieu, en demandant, tantôt que le chirurgien en chef fût nommé au concours, tantôt qu'il fût pris dans le sein du Collége composé de savants qui avaient fait leurs preuves lors de leur admission ?... Il arriva ce qui a presque toujours lieu quand des réformes utiles sont provoquées par des hommes de mérite qui n'ont ni assez de crédit ni assez d'autorité pour que l'on s'empresse d'adopter leurs vues. D'abord, loin d'être prises en considération, leurs propositions sont rejetées ; mais les bons esprits s'en pénètrent, les mûrissent, et plus tard elles portent leurs fruits.

En effet, quelques années étaient à peine écoulées que l'on vit ce service passer aux mains de deux chefs, l'un sous le titre de chirurgien-major, l'autre sous celui de chirurgien aide-major, et tous deux élus à la suite d'un concours public.

Ce qu'il y a d'assez singulier, c'est que la première nomination faite de la sorte fut celle de Marc-Antoine Petit, élève particulier d'H.-J. Pointe. Ce concours, qui eut lieu en 1788, dans les trois journées des 9, 10 et 11 juin, fut très brillant et l'éloquence que déploya Marc-Antoine Petit était bien faite pour donner d'emblée une grande faveur à ce nouveau mode d'élection.

Les détails dans lesquels je viens d'entrer seront peut-être trouvés trop minutieux et un peu étrangers à mon sujet ; mais ils se rattachent à un point historique qui fait assez d'honneur à la mémoire de mon père pour ne pas les laisser dans l'oubli ; c'est qu'en effet ce fut lui qui signala le premier à l'administration tout ce qu'avait de défectueux le service de chirurgie ; ce fut lui qui, le premier encore, indiqua les moyens de mettre un terme à ce fâcheux état de choses, et ce fut enfin un de ses élèves, Marc-Antoine Petit, qui sortit victorieux du premier concours.

Le bien est lent à s'opérer. C'était en 1770 que H.-J. Pointe fit, pour la première fois, connaître les abus dont il vient d'être question, et ce fut seulement en 1788 que l'on se décida à les faire cesser ! Aujourd'hui même, les améliorations réclamées depuis soixante et dix ans, quoique d'une utilité et d'une urgence évidemment démontrées, sont loin d'être complètement effectuées. Encore la plupart de celles que l'on a opérées ne le seraient-elles pas, peut-être, si l'on n'y eût été poussé par la disposition générale des esprits qui, à l'aurore de la révolution française, marchaient à grands pas dans la voie des changements, des réformes et des innovations.

Quoique H.-J. Pointe vécût dans un temps où la médecine et la chirurgie étaient encore séparées, il n'était pas moins convaincu de l'avantage qu'il y aurait pour l'une et pour l'autre à être réunies ; et il a laissé, sur ce sujet, quelques lettres dans lesquelles son opinion est clairement exprimée, ainsi que la réalité des motifs qui la fondent. Il était lui-même profondément instruit dans ces deux branches de l'art de guérir ; et nous allons voir comment, déjà maître en chirurgie, il se fit recevoir docteur en médecine.

A cette époque, le titre de maître en chirurgie, pour celui même qui avait été chirurgien-gagnant-maîtrise, ou agrégé au collège royal de chirurgie, était bien loin de donner une position sociale aussi élevée que celle dont faisait jouir le titre de docteur en médecine. Or, les idées de H.-J. Pointe sur l'utilité de la réunion de ces deux branches de l'art de guérir, et le désir qu'il avait de se placer le plus honorablement possible dans l'opinon publique, le déterminèrent à demander le diplôme de docteur qu'il obtint en 1774, après avoir subi les examens et soutenu les thèses conformément aux statuts alors en vigueur.

Bientôt un mariage avantageux à tous égards lui donna dans le monde une position encore plus favorable que celle qu'il s'était faite. Il épousa Mlle Davin, fille d'un honorable négociant et d'Agnès Servan, appartenant à une famille qui a fourni à la ville de Lyon des échevins et des magistrats distingués.

Une réputation bien acquise ne tarda pas à le placer au rang des médecins les plus expérimentés et les plus habiles. Les nombreux manuscrits qu'il a laissés prouvent que ses goûts étaient tournés vers les travaux du cabinet, et qu'il joignit à la pratique la théorie de la science. Plusieurs de ses écrits qui sont restés inachevés par l'effet de la tourmente révolutionnaire, auraient, dans des temps de paix et de tranquilité, reçu peut-être de l'impression une favorable publicité ; mais de nouvelles idées politiques se répandaient avec la rapidité de l'éclair, exaltaient tous les esprits, agitaient la population entière, et les quelques hommes demeurés fidèles au culte des sciences et des arts se trouvèrent alors isolés et découragés. H.-J. Pointe travaillait donc seul, renvoyant à de meilleurs jours la publication de quelques ouvrages importants qui n'eurent pour lecteurs qu'un petit nombre d'amis. Mais, pour lui, ces jours meilleurs ne devaient point arriver. La fermentation des esprits portée à son comble fit éclater la révolution de 1789. L'immense perturbation qui ébranla la France, les désastres inouis qui la désolèrent mirent Lyon dans un état voisin de sa perte, et pas un citoyen ne put se dispenser de prendre à de tels évènements une part plus ou moins active.

Sans aucun penchant à devenir homme politique, H.-J. Pointe était d'un caractère trop franc et trop décidé pour ne pas émettre hautement sa pensée et ses principes, toutes les fois que l'occasion s'en présentait, et ses principes étaient ceux du parti auquel on donnait alors le surnom d'*aristocrate*. Quand vint le siége de Lyon, il n'accepta aucun emploi pour ne point se mettre en évidence ; mais il ne pouvait refuser ses soins aux Lyonnais blessés dans ces mémorables combats ; et, sous le règne de la Convention, oubliant les dangers personnels auxquels il était exposé, il secourut, par tous les moyens en son pouvoir, ceux que leurs titres et leur fortune plaçaient, bien plus encore que leur opinion, sous le glaive des lois qui servaient de prétexte pour décimer la France.

Un semblable dévouement ne pouvait manquer de lui valoir bientôt les honneurs de la proscription. Aussi fut-il dénoncé *pour avoir pansé les blessés et entretenu des intelligences avec les émigrés*. Incarcéré sur cette accusation, et il en fallait beaucoup moins dans ce temps là pour passer de la prison à l'échafaud, il fut pourtant rendu à la liberté, grâces à la protection reconnaissante d'un cordonnier qu'il avait guéri d'une fluxion de poitrine, et qui avait heureusement de l'influence comme président de section. Mais, peu de temps après, il tomba sous le poignard de l'un des dénonciateurs auxquels il avait dû son arrestation ; et, le 8 vendémiaire an VI (29 septembre 1797) il succomba aux suites des blessures que lui avait faites le fer de l'assassin.

La renommée d'honnête homme dont jouissait H.-J. Pointe était aussi généralement répandue que bien acquise. On trouvait en lui le *vir probus* d'Hippocrate dans toute la force de l'expression. Le talent et le savoir du médecin ne faisaient qu'ajouter un lustre de plus à cette qualité.

H.-J. Pointe laissa une veuve que la révolution avait privée de tous les appuis d'une famille, et un fils âgé de huit ans qu'il destinait à l'art de guérir. Quand l'époque des études fut arrivée pour cet enfant, il fut dirigé par Marc-Antoine Petit, qui rendit au fils les conseils, les leçons, et les bons offices qu'il avait reçus du père.

H.-J. Pointe travailla jusqu'à la fin de ses jours ; ses nombreux manuscrits en font foi. Il avait à peine quitté les bancs de l'école quand il publia l'ouvrage dont j'ai déjà parlé, et qui, bien que laissant beaucoup à désirer sous certains rapports, révélait cependant l'œuvre d'un médecin observateur et déjà capable de concourir au progrès de la science.

Comme praticien, il avait particulièrement étudié l'action des préparations antimoniales, de la cigüe, du sulfate de cuivre, du mercure, etc., dans le traitement de quelques maladies des organes de la respiration, dans celui des affections scrofuleuses, dartreuses, cancéreuses et vénériennes. Une partie de ses idées sur cette matière se trouve consignée dans un de ses manuscrits intitulé : *Recueil de formules*, ou *Journal de médecine pratique pour les formules magistrales*, ainsi que dans ses lettres au docteur Fragonard, qui renouvelait à Paris l'essai des formules dont H.-J. Pointe avait d'abord observé les bons effets à Lyon.

L'étude des auteurs anciens remplissait aussi une bonne partie de son temps ; et parmi ceux-ci Hippocrate était celui dont il s'était le plus profondément pénétré, et qu'il a cité le plus fréquemment dans ses écrits. Sthal était encore un de ses auteurs de prédilection ; il a traduit sa physiologie entière et des fragments de sa pathologie. A cette traduction, remarquable par l'exactitude scrupuleuse avec laquelle est rendu le texte latin, il a ajouté des commentaires qui ne sont pas sans intérêt et qui prouvent combien la doctrine de Sthal lui était familière.

Dans un de ces commentaires, il fait observer que, depuis Hippocrate, la vraie théorie médicale a fait peu de progrès quant à son application, et que, tous les jours, on est forcé de recourir aux préceptes de ce grand maître, lesquels ne sont que l'expression des moyens employés par la nature elle-même pour arriver à la guérison des maladies.

Dans un autre commentaire, il prévoit l'envahissement et l'influence des théories physiques sur la pratique de la médecine, ainsi que les écarts dangereux qui devaient naître de cette influence.

Ses idées appartenaient donc au *vitalisme*, à cette doctrine vers laquelle aujourd'hui tous les bons esprits ont une tendance marquée, à cette doctrine féconde en principes sûrs et vrais, qui fait de l'art de guérir une science spéciale, et du praticien le premier ministre de la nature. La nature, en effet, guérit par des moyens d'un ordre très relevé et infiniment supérieurs à tous ceux que fournissent les théories physiques ou chimiques, trop souvent mises à contribution pour expliquer les phénomènes morbides.

Tel fut H.-J. Pointe. J'ai dit de lui tout ce que j'en sais, tout ce que m'en ont appris et l'opinion de ses anciens collègues et la lecture de

ses ouvrages (1). Quant aux titres qu'il avait à l'estime et à la considération de ses contemporains, j'en ai parlé avec la conscience d'un

(1) Voici la liste des écrits laissés par Honoré-Joseph Pointe :

*Essai sur la nature et les progrès de la gangrène humide , vulgairement dite
pourriture.* 1 volume in-12 , Lyon, Jacquenod père et Rusand, 1768.

Traduction de quelques ouvrages de Sthal , suivie de commentaires , par le
traducteur ; matière de trois volumes.

Traduction de la physique souterraine de Bécher ; un volume.

Quelques cahiers , égarés après la mort de l'auteur, manquent à ces deux
traductions qui sont , comme nous l'avons dit , d'une remarquable fidélité.

*Hippocratis Coi opera omnia medica, ex vetustissimis auctoris interpretibus
excerpta, electa, notulis illustrata, ad naturæ nutum accommodata, exarata et edi-
ta ab honorato Josepho Pointe, doctore medico.* — Ce qui a été fait de cet ouvrage formerait environ cinq volumes.

*De la nécesssité d'établir un maître en chirurgie de la ville de Lyon, pour major
en chef de l'Hôtel-Dieu de la même ville.* — L'auteur a écrit sur ce sujet deux
mémoires dans lesquels plusieurs branches du service chirurgical sont avec
raison signalées comme vicieuses et préjudiciables aux malades. Le temps et
les progrès des lumières n'ont point encore fait complète justice de tous
les abus dévoilés dans ces mémoires.

*Précis de quelques observations sur les inconvénients des boissons diététiques,
considérées dans les effets quelles produisent, par leur quantité seulement, dans
la cure de quelques maladies chirurgicales.* 1776.

Mémoire et Observations sur la nutrition et l'accroissement des parties animales.

Discours sur les moyens de faire des progrès dans l'étude de la chirurgie. —
Cet opuscule devait être le discours préliminaire d'un *Cours de principes de
chirurgie* auquel travaillait H.-J. Pointe, et dont il n'existe que des fragments.

Discours sur le cancer, lu en présence du Collége royal des maîtres en chirurgie de la ville de Lyon, le 16 novembre 1769.

Mémoire sur la question suivante, proposée pour sujet de prix par l'Académie royale de chirurgie en 1770 : « Exposer les inconvénients qui résultent
« de l'abus des onguents et des emplâtres, et de quelle réforme la pratique
« vulgaire est susceptible, à cet égard, dans le traitement des ulcères. »

Discours sur la digestion des aliments, lu en présence et avec l'agrément du
Collége royal des maîtres en chirurgie de la ville de Lyon , le 13 novembre
1769.

Mémoire sur la question proposée en ces termes par l'Académie des Sciences historien, et non avec la tendresse bienveillante d'un fils; je me suis défendu, autant que possible, des affections de famille qui ouvrent complaisamment à nos proches les portes de l'immortalité, et,

de Lyon, en 1770 : « On demande des recherches sur les causes du vice « cancéreux, qui conduisent à déterminer sa nature, ses effets, et les « meilleurs moyens de le combattre. » — Quoiqu'il ne soit point terminé, ce mémoire ferait un fort volume.

Mémoire sur la phtisie pulmonaire ; sujet proposé par l'Académie des Sciences de Lyon, en 1775.

Mémoire sur la question suivante proposée par le Collége des médecins de Lyon, en 1776 : « Quelles sont les différentes espèces de dartres ? quels en « sont les différents principes ? quels sont les moyens de les distinguer ? « quelles sont les maladies internes que les vices dartreux produisent ? à « quels symptômes peut-on les reconnaître ? comment peut-on combattre « ces différents principes dans leurs différents états ? »

Essai sur la carie des os, où l'on a tâché de prouver que la doctrine des relâchants et des humectants sur les os altérés est de beaucoup préférable, dans bien des cas, aux caustiques et aux spiritueux.

Dissertation sur quelques points de l'art des accouchements. —L'auteur, qui a développé ici des idées nouvelles, soutient particulièrement que la débilité de la constitution générale d'une femme aux douleurs de l'enfantement, apporte souvent de dangereux obstacles au succès de sa délivrance ; qu'elle conduit ou peut conduire à une espèce d'atonie, ainsi qu'à un véritable état de spasme ; qu'enfin cette débilité du système général des solides et cette irritation spasmodique présentent une même indication curative , celle des toniques, tels que le quina et l'hypericum qu'il a employés avec succès dans ces cas. — Les observations sur lesquelles cette théorie est fondée, ainsi que la théorie elle-même , furent, dans le temps, publiées dans la *Gazette de santé.*

Aphorismes ou *préceptes très utiles pour la pratique de l'art de guérir, tirés des meilleurs auteurs.*

Recueil des formules, ou *Journal de médecine pratique pour les formules magistrales.* 1795.

Observations, en forme de lettre, adressées à Marc-Antoine Petit, sur une tumeur sanguine enkistée, ayant deux pieds et demi de circonférence, et occupant toute la longueur de la jambe gauche. 1792. — *Recherches physiologiques et pathologiques sur la nature de la même tumeur.*

en essayant de disputer à l'oubli un nom qui me semble digne de ne point mourir tout entier, je n'ai cédé qu'à la sincérité de mes convictions.

Observations sur les sensations. — Dans ce mémoire incomplet, se déve- « loppe principalement cette pensée : « Quand nous n'avons en vue que « de rétablir l'intégrité des fonctions naturelles et vitales dans les maladies « qui semblent dépendre de leur altération, et que nous nous bornons aux « remèdes intérieurs paraissant naturellement les plus convenables à ce but, « nous négligeons le meilleur de tous les moyens, c'est à dire l'exercice ac- « coutumé des fonctions animales. »

Dissertation sur l'origine, la nature, la propagation et le traitement des maladies vénériennes.

Institutions de médecine, où l'on a rassemblé les principes élémentaires les plus vrais, les plus utiles et les plus nécessaires à l'art de guérir; fondés sur la doctrine de Sthal et sur celle des meilleurs auteurs. — Après avoir résumé les différents systèmes médicaux, l'auteur de cet ouvrage, dont la première partie seule existe, passe à l'énonciation de la méthode à suivre pour étudier la science d'ue manière convenable. Une des premières conditions est, suivant lui, l'acquisition des connaissances physiques, ou *de la matière*, qui comprennent l'anatomie et la physique proprement dite. La seconde condition est l'étude de *la matière vivante* ou des fonctions; et la troisième est celle de *l'ame*, ou de son influence sur le corps vivant.

Enfin, plusieurs autres ouvrages : un *Traité du cancer*; des observations et réflexions sur quelques *maladies soporeuses et spasmodiques*; d'autres sur *les effets du rapprochement du feu dans les maladies chirurgicales*; des mémoi-res *sur la médecine expectante et la médecine agissante*, etc., etc.

Voilà, certes, de nombreux écrits, qui déposent de l'activité laborieuse, du savoir expérimenté d'H.-J. Pointe, de sa constante application à étudier les phénomènes de la nature dans l'état normal ainsi que dans l'état anormal de l'homme, et qui, s'ils eûssent, en partie du moins, été rendus publics, n'au-raient été sans utilité ni pour les élèves ni pour les praticiens.

www.ingramcontent.com/pod-product-compliance
Lightning Source LLC
Chambersburg PA
CBHW061717050726
47598CB00004B/1895